主　编 —— 袁岚峰
执行主编 —— 张周项

小芯片改变大世界

陈　经 —— 著
胡雅虹 —— 绘

CNS K 湖南科学技术出版社 · 长沙

推荐序

亲爱的孩子们，当我翻开《我是未来科学家》这套书时，我仿佛看到了科学的无限可能，也看到了你们充满好奇和渴望知识的眼睛。科学，是一场永无止境的探险。小时候在乡村的生活，让我受到了大自然的熏陶和感染，对科学好奇的种子或许那时就已经萌发。然而，我的科学之旅，可以说是一本《化石》杂志开启的。那是我在高中时期，一次偶然的机会，班主任为我们订阅了这本杂志，它让我第一次近距离接触到地球与生命科学的世界。在科研的道路上，我经历了不少的挑战与困难，但我始终保持着那份对科学的好奇与热爱。

在 21 世纪的今天，科学的发展日新月异，科学不仅仅是实验室里的研究，它更是推动社会进步、改善人类生活的强大力量。前沿科学代表着科技发展的最先进部分，是推动社会进步和持续发展的重要力量。普及前沿科学，对于提高公众的科学素质、培养孩子的科学精神和创新意识具有重要意义。它不仅能够拓宽你们的科学视野，还能够激发你们对未知世界的探索欲望，为未来的科技创新储备人才。

这套书，就像是一扇通往科学世界的窗户，让你们能够窥见前沿科技的魅力。在《我是未来科学家》中，10位专家为孩子们呈现了人工智能、生命科学、能源开发、量子科技、虚拟世界、太空探索等10个领域的最新技术及原理、实际应用以及改变世界的力量，讲述了科学家奋斗的艰辛历程。这套书不仅展示了科技的巨大潜力，也为我们指明了未来发展和前进的方向。孩子们将在书中感受到，科学并非遥不可及，而是就在我们的生活中，只要我们用心去发现，就能找到它的踪迹，激励我们去追寻那些尚未被揭示的科学奥秘，去挑战那些看似不可能的问题。

孩子们，你们是科学的未来，是国家的希望。期待你们在阅读这套书的过程中，能够感受到科学的魅力，激发起对科学的热爱和追求。希望你们保持对科学的好奇心，勇于挑战未知，成为未来的科学家和创造者。

最后，我要感谢这套书的编创团队，他们用生动的语言和精彩的故事，为大家描绘了一个充满奇幻和奥秘的科学世界。我相信，在这套书的陪伴下，你们一定能够放飞科学的梦想，探索未知、创造未来！

中国科学院 周忠和

手机、电脑等电子产品，还有电视机、冰箱、洗衣机等家用电器，只要我们发出指令，它们就会“听话”。

这是为什么呢？而且，它们的功能为何如此丰富呢？

因为这些电子产品和电器，都有“大脑”——芯片。一旦接收到我们的指令，芯片会像人类的大脑一样，精准地指挥整个机器运作。

很多以前的机器，如飞机、汽车、收音机、电视机、洗衣机等，虽然外形和现在差不多，但没有“芯片大脑”，所以显得笨笨的。

人们曾用“机械”的办法控制它们，比如用旋钮选择收音机或电视机的频道，或者设定洗衣机转动的时间。

更早之前，如水力纺织机、蒸汽机火车等，甚至连电都不用。人类早就从雷雨闪电等自然现象中认识到电的存在，但很长时间并不知道电有什么用。

1831 年，法拉第发明了圆盘发电机。在一次表演时，一位贵妇人问："这东西有什么用呢？"法拉第回答道："夫人，一个刚刚出生的婴儿有什么用呢？"

电就像初生的婴儿一样，要通过不断地成长和发展，才能逐渐展现出价值。

终于，“婴儿”逐渐长大了。

1879 年，爱迪生发明了具有广泛实用价值的电灯之后，普通人都知道电很有用了。

1876 年，贝尔发明了电话，留声机、电视机等电器也相继问世，电的应用领域越来越多。

芯片就是电最特别、最神奇的应用之一。

芯片让机器有了“智能”，使它们越来越聪明，逐渐接近人类的智慧水平。近年来，电子产品智能化程度越来越高，也许不久的将来，在强大芯片的帮助下，机器可能比人类还要聪明。

芯片是如何具有智能的？这要从电的一个基本特性说起。

我们知道，电流在导体中，如金属导线内，能够自由且顺畅地流动。同时，还存在不导电的绝缘体，它们阻止了电流的通过。

神奇的东西来了：半导体！它兼具导电与绝缘的特性。

芯片的功能，就和半导体的这一特性相关。

半导体之所以神奇，是因为它能在不同的条件下展现导电或绝缘的特性。就像小朋友醒着时能听见人说话，睡着时就听不见了。小朋友有“醒”与“睡”两种状态，而导线的两种状态是——导通和阻断。就像小朋友闭上眼睛就睡着了，拍拍又醒了一样，半导体的状态也会变化。而这两种状态是计算机世界的基础——0 和 1。

是什么让半导体的状态发生变化呢？电流的方向。

最简单的半导体零件是二极管。当电流正向流动时，二极管处于导通状态；逆向流动时，二极管处于阻断状态。就像水管里的单向阀门一样，水正向流动时阀门开启，水流通畅；水逆向流动时阀门关闭，阻止水流通过。

二极管有“两条腿”，电流从一条腿进入，从另一条腿流出。但只有二极管，是没法制造智能芯片的，就像水管构建不出复杂的功能。

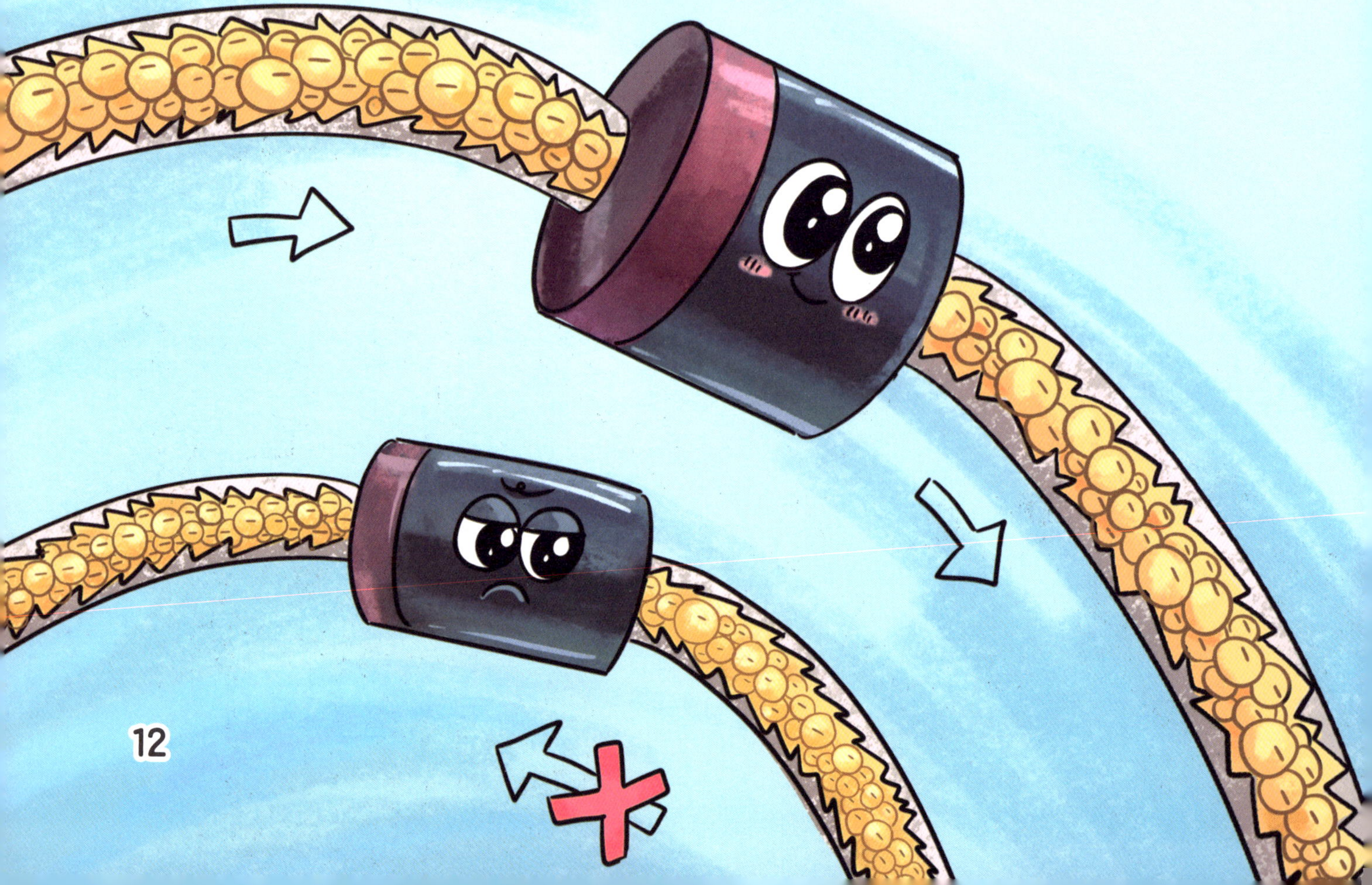

芯片技术的起源，可以追溯到 1947 年美国贝尔实验室的巴丁、布拉顿、肖克莱发明的“晶体管”，它是三极管的早期形式。

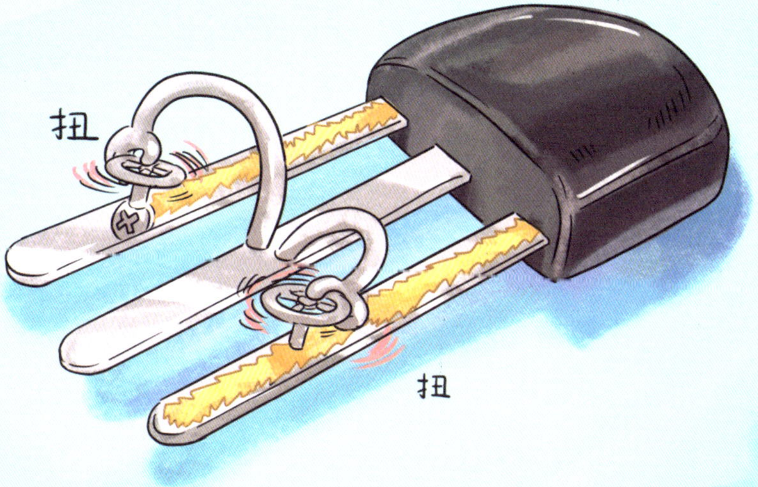

三极管有“三条腿”，它才是真正神奇的半导体元件。

三极管的前两条腿还是和二极管一样，负责电流的输入输出。其神奇功能在于第三条腿，它可以控制三极管中的电流导通状态和电流大小。如果用水管来比喻的话，相当于单向阀门的开关升级了，由第三条腿控制了阀门。

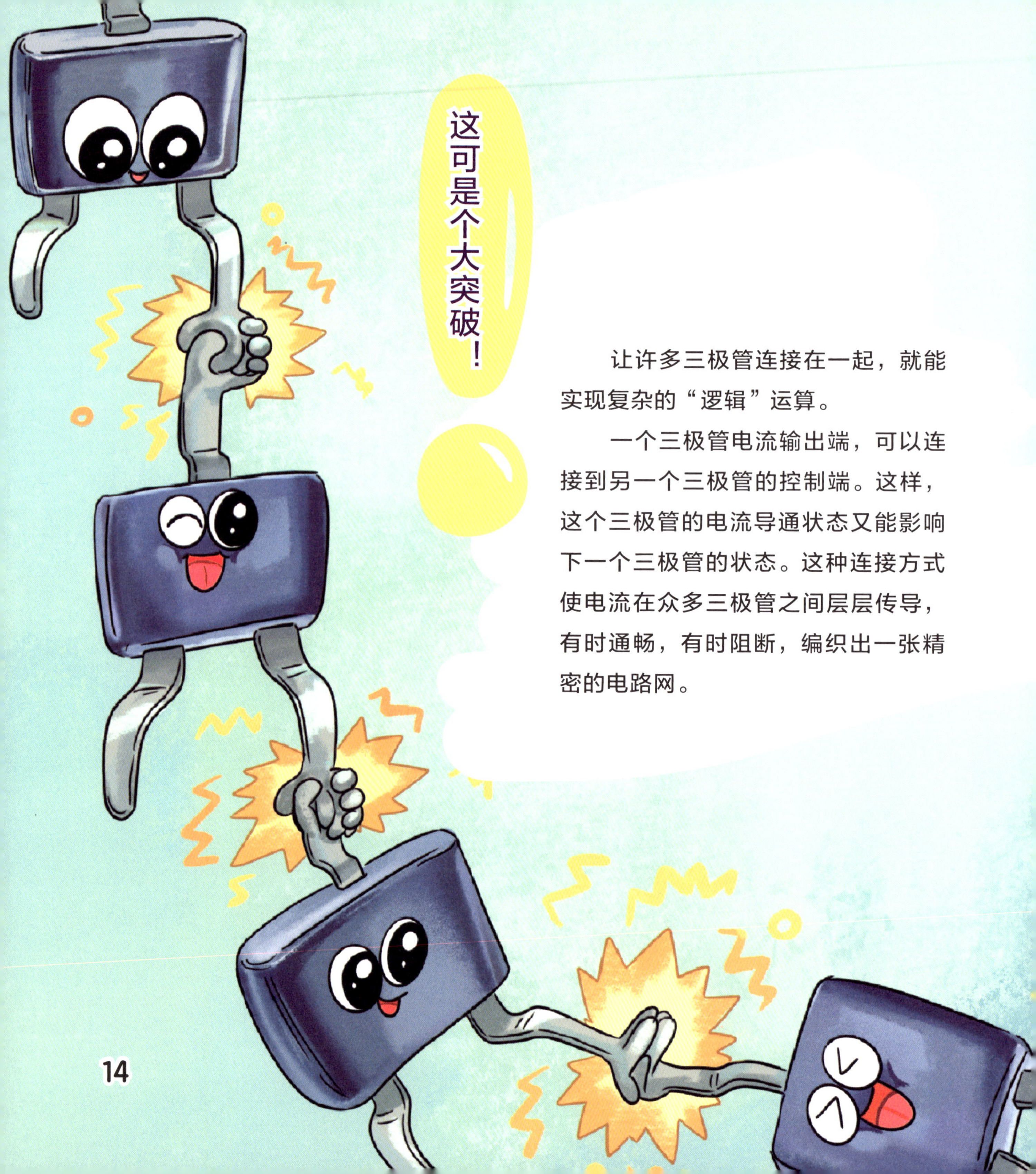

让许多三极管连接在一起，就能实现复杂的“逻辑”运算。

一个三极管电流输出端，可以连接到另一个三极管的控制端。这样，这个三极管的电流导通状态又能影响下一个三极管的状态。这种连接方式使电流在众多三极管之间层层传导，有时通畅，有时阻断，编织出一张精密的电路网。

我们不用深究这些三极管到底是怎么连接的，只需用一个盒子把它封装起来，看不见里面。盒子像蜈蚣一样，左边伸出一堆腿，右边也伸出一堆腿。左边这些腿是输入端，电流从这边进来；右边那些腿是输出端，电流从那边流出。

输入腿，有的有电流进来，有的没有，我们用编号来区分它们的通电状态。有电流进来的叫 1 号腿，没电流进来的叫 0 号腿。这样，我们就得到一个输入编号组合，比如“10010110”，它是可以变的。

输出腿，电流也是同样的情况，我们也可以有一个代表输出的相应组合，比如“01101110”。输入腿的 0 和 1 组合变化时，输出腿的组合也随之变化。

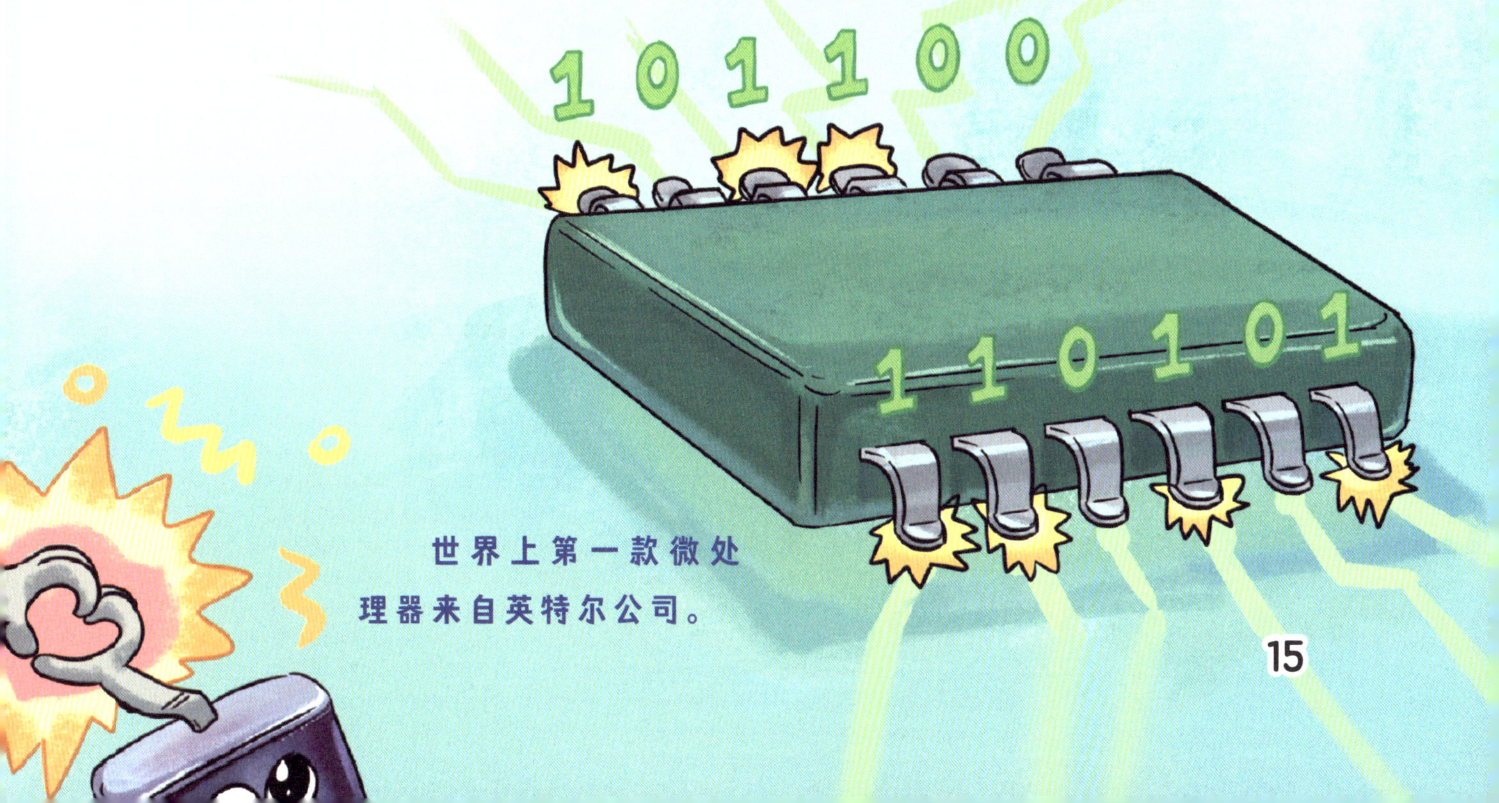

世界上第一款微处理器来自英特尔公司。

这个被封起来的“蜈蚣”，就是芯片!

给复杂的电路系统加上保护壳，再引出输入和输出的腿，这个过程叫芯片封装。

芯片里面有很多三极管、二极管等元件互相连接在一起，这构成了集成电路。在应用芯片时，人们不用知道里面的连接细节，只要让输入腿的组合对应到输出腿的组合，就可以实现预想中的功能。

而一切复杂的连接细节，是由芯片设计师精心设计的，这个过程叫芯片设计。

以加法芯片为例，假设“蜈蚣”芯片有 16 条输入腿，其中 8 条腿代表数字 A，另外 8 条腿代表数字 B。经过芯片处理后，多条输出腿对应的数字正好是 A+B 之和。无论 A 和 B 如何变化，例如输入 3+5、4+7、6+12 等多种算式，这个芯片的神奇之处在于，它总是能输出正确的结果“8”“11”或“18”。

我们就可以说，这个芯片的功能是加法运算，并且绝对不会错，它可以完成任何两个数字的加法运算。我们日常使用的计算器，里面就有这样的芯片。

芯片是用什么做的呢？

竟然是小朋友玩的沙子！

沙子主要由硅元素组成，而硅是制作晶体管时最常用、最合适的半导体材料。人们通过提纯沙子，做成纯度高达 99.9999999% 的硅圆盘。

这就是制作芯片的原材料——晶圆。

晶圆的大小就像比萨饼，有 6 寸、8 寸、12 寸这三种规格，后两种最为常见。就像比萨饼上可以加不同的馅，做出各种图案一样，晶圆加工的过程中也会被制作成包含三极管、二极管等众多晶体管的芯片。

小贴士

一寸约等于 3.33 厘米。

当一家人共享比萨饼时，通常会将饼切成 8 块或 6 块扇形来分着吃。晶圆加工好后，与其类似，也会被切成数百个甚至数千个芯片方块，每个方块都是一样的大小，而那些边缘不成方块的少许圆弧部分就不要了。

这些刚被切出来的方块，被称为“裸芯片”，它们需要穿上“衣服”，加上盖，拉出输入输出的腿，最终成为像蜈蚣一样的芯片。

一个微小的方块里有很多个晶体管，多到难以想象。最先进的芯片，即使只有指甲盖那么大，里面却包含了上百亿个晶体管，这一数字比地球的人口总数还要多。在每平方毫米的面积上，即笔尖那么大的地方，就有 1 亿个晶体管。

这无疑是人类在精细加工领域取得的最神奇的成就之一，经过多年积累与进步才实现的。

有一个故事说，国王想要奖励他的宰相（这位宰相也是象棋的发明者），宰相提出在国际象棋盘的 64 格上放麦子，第一格放 1 粒，第二格放 2 粒，第三格放 4 粒……依次类推进行翻倍。国王原本以为很容易，却发现要支付的麦粒数量多到无法兑现。

芯片的发展也是这样。20 世纪 60 年代，1 平方毫米的晶圆上只能容纳 1 个晶体管，随着工艺的进步，逐渐变为 2 个、4 个、8 个……，实现了指数级增长。1965 年，英特尔公司的创始人之一戈登 · 摩尔提出摩尔定律，该定律指出：每过 18 个月，单位面积上的晶体管数量会翻倍，而性能也会得到相应提升。

由晶体管相互连接组成的芯片，是怎么加工出来的呢？

这就像小朋友在沙滩上挖沟、盖房子一样。晶圆上的硅原子就像沙滩上无数的沙粒，而晶圆厂在这片“沙滩”上，做出了很精细的“沙雕”作品。

在平整的晶圆平面上，用药水浸泡、喷气冲击，可以刻画出规整的沟槽。这些沟槽所围成的就是一个个的硅晶体管雏形。在上面加少量别的元素，如硼、磷等，晶体管就有了一些特定功能。就如同在比萨饼上撒点馅料会更好吃，硼和磷等元素就是让晶体管拥有“魔法”的馅料。

当多个晶体管被制造出来后，要用金属导线将它们互相连接，以实现逻辑功能。有一个巧妙的办法就是盖“导线大楼”！晶体管在底层排列着，二楼、三楼以及更高的楼则布满了导线。它们通过分层立体连接，就不会乱。导线大楼不仅每层有平面的连接，上下之间还有很多立体的连接点。

由于一片晶圆上的沟槽、导线连接太多了，如果采用手工加工的方式，那效率就太低了。

快速制造的关键在于借助“光刻技术”，这是一种利用照相机原理的加工方法。而对晶圆拍照成像的机器叫“光刻机”，这是人类最精密的加工机器之一。

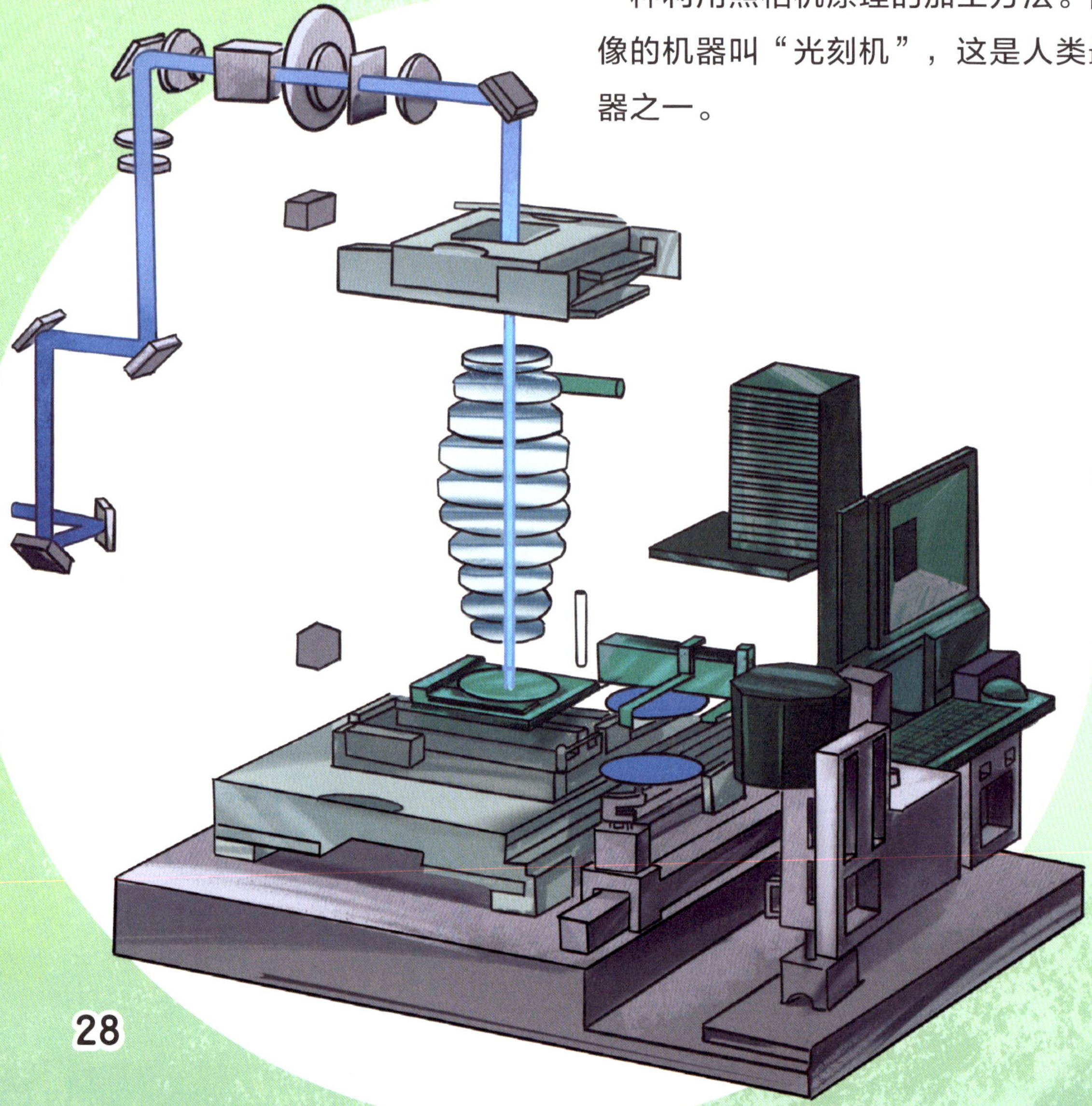

在晶圆上刷一层特殊胶水后，用特殊的光线照射，遇到光的胶水会发生变化，和没遇到光的胶水形成区别。

在光源和晶圆中间放一个有复杂图案的掩模板，可以把这个图案投影在晶圆上。把发生变化的胶水用药水浸泡并清除掉，如此一来，所需要的沟槽图案就从掩模板上转移到晶圆上了。这一过程可能涉及上亿个晶体管的制造。

在晶圆上露出图案的部分会经历一个被称为蚀刻的过程，指用药水腐蚀、喷气的办法，对这些区域往下或者往侧面挖除。

此过程效率很高，几百亿个晶体管所在的区域能够同时被浸泡和处理。

此外，还可以在晶圆上面沉淀一层金属或其他化学物质的薄膜，就像茶杯底下聚集了碎茶叶，这个过程叫薄膜沉积。

沉积出的薄膜有时又可能被蚀刻掉。芯片加工过程中需要反复进行各种类型薄膜的沉积与蚀刻操作，而这些步骤都是在光刻的引导下快速完成的。

总结来说，在硅晶圆这片“沙滩”上，我们借助沉积、蚀刻（需要光刻引导技术）的办法造出很多个晶体管，随后添加特定的元素（即撒上“魔法馅料”）。紧接着，我们构建起错综复杂的“导线大楼”连接这些晶体管；最后，将晶圆切开得到一个个裸芯片，经过加盖、拉出引脚等工序将其变成“蜈蚣”，这样就做出了最终的芯片。

芯片主要分为两种：一种是让电子产品和电器有复杂功能、变聪明的“逻辑芯片”，另外一种是用于储存数据的“存储芯片”。

逻辑芯片负责思考、推理；存储芯片负责记忆。

常见的存储芯片有两种，一种是“内存”，它在断电后内容就不见了，比如电脑和手机开机后的画面和程序，关机就没了。

另外一种是“闪存”，它能够在断电后依然保留数据，比如手机拍的照片，即使关机后再开机它们也还存在。

现在存储芯片很厉害了，它也是按摩尔定律发展的，存储容量不断翻倍。

一块几百元的存储芯片，可以将整个图书馆里的内容装进去。

但是，芯片存储的数据是“数字化”的，图书馆里的书是属于物理世界的，要转化成无数个 0 和 1，才能变成数字世界里的东西。

逻辑芯片的能力也在不断进步，一块芯片上的晶体管数量已经达到数百亿个，能完成很复杂的功能。智能手机能做很多事，就是因为有一块很厉害的逻辑芯片，尽管它只有指甲盖那么大。

现在，智能手机已经取代了照相机、影碟机、磁带机等很多老式电子产品。

存储芯片加上逻辑芯片，就能做出很强大的计算机产品，如电脑、手机等。存储芯片负责存储数据，而逻辑芯片负责处理这些数据，并将结果展示在屏幕上给用户看。

这是大家熟悉的芯片用法，其核心是逻辑芯片让机器变得更加智能，功能变得更加丰富。但是，如果要存储和处理的数据非常多，那怎么办呢？

以前，海量的数据会在“数据中心”（一个大大的机房），由很多台电脑、服务器一起来处理。现在一种叫 GPU 的芯片横空出世，等于把整个机房里的所有机器和功能，浓缩到一块手掌般大小的芯片之中。

GPU 是一种大芯片，里面封装了储量巨大的存储芯片和用于计算的逻辑芯片。随着 GPU 技术的不断进步，一块芯片的性能就抵得上过去的一个机房了。

近年来，人工智能迅速发展，其智能逐渐接近人类，甚至在某些方面已经超过人类。过去，人们以为逻辑芯片的晶体管越来越多，里面的逻辑越来越复杂，电脑就越来越聪明，事实并非如此。

人工智能的重大突破，是在 GPU 芯片的帮助下实现的。

高级人工智能，已经能理解人类的语言，和人很好地对话。这种人工智能需要对海量的数据进行处理和分析，而逻辑反而没那么复杂。

逻辑芯片处理海量数据的能力不强，远远比不上 GPU 处理数据的能力。因此，现在开发先进的人工智能系统时，需要很多 GPU 芯片来处理数据，生成内容。

如今，我们的生活已经离不开存储芯片、逻辑芯片，也会需要越来越多的智能芯片和 GPU 芯片。

这些芯片的运行都需要电的支持，工作时会消耗能量并发热，因此需要散热来维持正常工作。比如，电脑、风扇会呼呼作响，手机会微微发热。但芯片带给我们的帮助和便利是无法估量的。

芯片，作为人类精密制造的杰出代表，发展到了不可思议的程度。它也在推动人工智能的发展，越来越多有趣的机器智能正在涌现………

芯片，真是好神奇啊！

芯片科学史上 10 位标志性人物

威廉·肖克利、约翰·巴丁、沃尔特·布拉顿

三位美国科学家一起发明了晶体管，这是 20 世纪最伟大的发明之一。晶体管为集成电路和芯片的诞生奠定了基石。

杰克·基尔比

美国工程师，2000 年诺贝尔物理学奖获得者。他制成了世界上第一个集成电路，这一成就取代了单个晶体管，为开发电子产品铺平了道路。

罗伯特·诺伊斯

美国科学家，被称为“硅谷之父”，发明了可商业生产的集成电路，把半导体从“发明时代”推向了“商用时代”。

琼 · 赫尔尼

美国工程师，解决了平面晶体管的可靠性问题，奠定了硅作为电子产业中关键材料的地位。

戈登 · 摩尔

美国科学家，英特尔公司创始人之一，提出了重要的摩尔定律。

安迪 · 葛洛夫

美国科学家、企业家，英特尔前 CEO。他打破了英特尔作为存储器公司的传统，推广使用微处理器，让英特尔的名字响彻全球。

胡正明

美国华裔科学家，发明鳍式场效应晶体管，对半导体器件的开发及未来的微型化做出了重大贡献。

张忠谋

在中国台湾创建了全球第一家专业代工公司“台积电”，开创了半导体专业代工时代。

如何成为芯片科学家？

如果小朋友将来想当一名芯片科学家，那你要知道，芯片已经进化了非常多代，是许多科学家与工程师合作的杰作，它属于“半导体”这个大行业。在这个行业中有多种不同的分工，也有很多种知识和无数的细节，而芯片属于半导体的一种应用，与我们的生活紧密相连。我们熟悉的 LED 灯就是半导体技术的另一项杰出成果。如果你对芯片感兴趣，就去探索更多有关半导体的知识吧！

小朋友通过不断学习，就能更好地了解芯片。在芯片行业，可以从 3 个角度去接触它。

1 使用芯片

把芯片的功能融入实际应用中，如家电、手机这些设备，从而创造出更多神奇又实用的机器，这就是芯片应用领域。人们发挥聪明才智，让它像大脑一样运作。很多小朋友长大以后，会去做这些工作，例如去编写程序，这是直接接触芯片的重要途径。学习芯片相关知识，对于以后从事这些工作一定会有帮助。

2 设计芯片

这是一个更加专业化的领域了。学会设计芯片，需要掌握很多专门的知识和工具，比编写程序要复杂多了。芯片设计是技术含量比较高的专业。

3 制造芯片

这是比设计芯片还要复杂的过程，涉及物理、化学等多个学科的深奥知识。芯片制造知识和芯片设计知识两者兼备，才能把芯片真正创造出来。学习芯片制造知识的难度很高，但是一旦学会了，将带来很大好处。就像有经验的医生一样，虽然学成不易，但是成长起来后就会越来越厉害。

小朋友通过了解和学习芯片知识，长大后去设计芯片或制造芯片，那一定是既聪明又有毅力的表现。

后记

在这个日新月异的科技时代，每一刻都充满了惊喜与挑战。小朋友们是未来的主人翁，他们充满了对这个世界的好奇心与探索欲。引导小朋友们正确认识科技、理解科技，激发他们对科学的热爱与追求，我们责无旁贷。

正是基于这样的考虑，我欣然接受了湖南科学技术出版社与我的老朋友——《中国日报》张周项记者的邀请，为《我是未来科学家》系列绘本担任主编。作为《第一推动丛书》的出版者，湖南科学技术出版社在我国科普界具有崇高的声誉。希望我们这套绘本，也能配得上这份历史性的声誉，甚至对它有所增益。

我为这套绘本做的第一件事，是跟邹莉编辑与张周项记者等人商定 10 个前沿领域主题。太空探索、人工智能、基因编辑、新能源、脑科学、芯片、种子……都是引人入胜而且对现实十分重要的新兴科技。当然，还有我最熟悉的量子信息。

我为这套绘本做的第二件事，是努力为本系列的各个主题邀请到相应领域的资深专家执笔。

例如复旦大学生命科学学院退休教授顾凡及先生，是我十分尊敬的科研界与科普界老前辈。他在退休后做了大量的脑科学科普，而且从不人云亦云，对许多热门消息发表过冷思考，如欧盟的人脑计划与马斯克的神经联结公司。最有趣的是，他的这些冷思考多次得到事实的验证。因此由他来担纲解读脑机接口，在质量上就有天然的保证。

又如我的中国科学技术大学师弟——中国科学院国家空间科学中心研究员周炳红博士，他是真正的航天专家，尤其是在火箭推进剂方面。他关于推进剂在失重条件下流动性的研究，对“长征五号”复飞有重要贡献。他和李明涛等同事还研究小行星防御，提出了“以石击石”的新型战略，引起国内外很多媒体的轰动。与此同时，周炳红老师也十分热爱科普，入选了“中国航天科普大使”。实际上，他的科普工作从一开始就是跟我一块做的。由他来解读太空探索，自然再合适不过。

由于篇幅关系，无法在这里对每一位作者都做详细的介绍。但我们可以确定，每一位作者在相应的领域都是响当当的专家。这是我们这套绘本最大的底气所在，是值得向所有人推荐的。

我为这套绘本做的第三件事，是自己作为作者，撰写量子科技分册。在此，我要特别感谢张周项记者，他不但自告奋勇地担任了这套绘本的执行主编，还组织了一支优秀的插画团队。书中的插图既准确又生动，表明他们确实下了很大的工夫来理解量子信息这样深奥的科技，令人十分动容！

每一个领域的专家，其实都能够下笔万言。但为了让小朋友轻松阅读、高效吸收，我们精心将每册内容凝练至适宜篇幅，并融入大量生动有趣的插图。此外，每一册最后都会列出九至十位在此领域做出重要贡献的科学家，还有一个问答：如果你想成为这个领域的科学家，你该怎么办？希望这些编排，能够激发更多小朋友对科技的热情。

《我是未来科学家》系列绘本，是我们为小朋友精心准备的一份礼物。希望通过这套绘本的陪伴与引导，小朋友们能够更加勇敢地面对未知，更加积极地探索世界，成为未来科技的引领者与创造者。让我们一起点亮未来之光，探索科技的无限可能吧！

袁岚峰

图书在版编目（CIP）数据

我是未来科学家. 小芯片改变大世界 / 袁岚峰主编 ;
陈经著. -- 长沙 : 湖南科学技术出版社, 2024. 12.
ISBN 978-7-5710-3307-1

Ⅰ. Z228.1; TN43-49

中国国家版本馆CIP数据核字第2024X9V461号

WO SHI WEILAI KEXUEJIA XIAO XINPIAN GAIBIAN DA SHIJIE

我是未来科学家 小芯片改变大世界

主　　编：袁岚峰
执行主编：张周项
著　　者：陈　经
绘　　者：胡雅虹
出 版 人：潘晓山
责任编辑：邹　莉　刘羽洁
出版发行：湖南科学技术出版社
社　　址：长沙市芙蓉中路一段416号泊富国际金融中心
网　　址：http://www.hnstp.com
湖南科学技术出版社天猫旗舰店网址：
　　　　　http://hnkjcbs.tmall.com
邮购联系：本社直销科 0731-84375808
印　　刷：长沙市雅高彩印有限公司
　　　　　（印装质量问题请直接与本厂联系）
厂　　址：长沙市开福区中青路1225号
邮　　编：410153
版　　次：2024年12月第1版
印　　次：2024年12月第1次印刷
开　　本：889 mm×1230 mm　1/16
印　　张：3.25
字　　数：23千字
书　　号：ISBN 978-7-5710-3307-1
定　　价：35.00元